Otto Erich Hartleben

Die sittliche Forderung

Komödie in einem Akt

Otto Erich Hartleben: Die sittliche Forderung. Komödie in einem Akt

Erstdruck: Berlin (Fischer), 1897. Uraufführung am 9.11.1896, Neues Theater, Berlin.

Neuausgabe mit einer Biographie des Autors
Herausgegeben von Karl-Maria Guth
Berlin 2017

Der Text dieser Ausgabe folgt:
Otto Erich Hartleben: Ausgewählte Werke in drei Bänden. Auswahl und Einleitung von Franz Ferdinand Heitmüller, Berlin: S. Fischer Verlag, 1913.

Die Paginierung obiger Ausgabe wird hier als Marginalie zeilengenau mitgeführt.

Umschlaggestaltung von Thomas Schultz-Overhage

Gesetzt aus der Minion Pro, 12 pt

Verlag: Henricus - Edition Deutsche Klassik GmbH
Mörchinger Str. 33, 14169 Berlin, info@henricus-verlag.de
Druck: Libri Plureos GmbH, Friedensallee 273, 22763 Hamburg

Die Ausgaben der Sammlung Hofenberg basieren auf zuverlässigen Textgrundlagen. Die Seitenkonkordanz zu anerkannten Studienausgaben machen Hofenbergtexte auch in wissenschaftlichem Zusammenhang zitierfähig.

ISBN 978-3-86199-918-8

Bibliografische Information der Deutschen Nationalbibliothek

Die Deutsche Nationalbibliothek verzeichnet diese Publikation in der Deutschen Nationalbibliografie; detaillierte bibliografische Daten sind im Internet über www.dnb.de abrufbar.

»Jetzt will ich ernsthaft werden – es ist Zeit,
da Lachen itzo allzu ernst genannt wird
und alles Spaßen über Sündlichkeit
von der Moral verboten und verbannt wird.«

Don Juan XIII. 1.

Personen

Rita Revera, internationale Konzertsängerin.

Friedrich Stierwald, Kaufmann, Inhaber der Firma »C. W. Stierwald Söhne« in Rudolstadt.

Berta, Ritas Kammermädchen.

184 *Ein großes deutsches Modebad.*

In Ritas Boudoir. – Kleines, mit echter Eleganz im Louis XVI.-Stil ausgestattetes Zimmer. Im Hintergrunde eine breite offene Portierentür, die in ein Vorzimmer führt. Links eine ebenso dekorierte Tür zum Schlafzimmer. Rechts ein Stutzflügel, vor dem ein großer, bequemer Sessel steht.

RITA *tritt in großer Balltoilette ins Vorzimmer. Sie trägt einen grauseidenen Staubmantel, Spitzentuch und Sonnenschirm. Indem sie lebhaften Schrittes nach vorn kommt, singt sie.*

> »Les envoyées du paradis
> sont les Mascottes, mes amis …«

Sie legt den Sonnenschirm auf den Tisch und zieht sich ihre langen weißen Handschuhe aus, indem sie die Melodie weitersingt. Sie unterbricht sich und ruft laut. Berta! Berta! *Singend.* O Bertolina … o Bertolina!

BERTA *kommt durch die Mitte.* Gnädiges Fräulein befehlen?

RITA *hat den Mantel abgeworfen und steht vor dem Spiegel. Zerstreut summt sie noch immer die Melodie.*

BERTA *nimmt Ritas abgelegte Sachen.*

RITA *dreht sich um. In fröhlichem Übermut.* Nun sagen Sie mir, Berta, warum geht denn die elektrische Klingel noch immer nicht? Ich muß immer erst singen … immer erst meine sämtlichen Flötentöne vergeuden, eh ich Sie herbeigezaubert habe. Was glauben Sie, was das eigentlich kostet! Damit kann ich gleich noch eine »Wohltätigkeitsmatinee« veranstalten. Scheußliches Wort. – Wie?

BERTA. Ja … der Mann hat sie noch nicht gemacht.

RITA. O Bertolina, *warum* hat der Mann sie noch nicht gemacht?

BERTA. Ja … der Mann wollte heute früh kommen.

RITA. Das hat der Mann schon öfter gewollt. Er scheint mir kein starker Charakter zu sein. – *Sie zeigt auf ihren Mantel.* Hübsch abbürsten, dann erst in den Schrank. Es ist ein Staub in diesem Neste … Luftkurort nennen sie das. War jemand da?

BERTA. Jawohl, gnädiges Fräulein, der Herr Graf. Er hat …

RITA. Nun ja; ich meine, *sonst* wer?

BERTA. Nein. Niemand.

RITA. Hm! – Also legen Sie mir den Schlafrock heraus.

BERTA *geht in das Schlafzimmer links ab.*

RITA *tritt wieder, leise singend, vor den Spiegel.*

»Les envoyées du paradis …«

Plötzlich mit erhobener Stimme die im Schlafzimmer weilende Berta fragend. Wie lange hat er denn gewartet?

BERTA *im Schlafzimmer.* Wie?

RITA. Wie lange er gewartet hat?

BERTA *ruft aus dem Schlafzimmer.* Eine Stunde, gnädiges Fräulein.

RITA *für sich.* Er liebt mich nicht mehr. *Laut.* Aber in der Zeit hätte er doch wenigstens die Klingel machen können. *Leise, lustig.* Zu nichts zu gebrauchen. *Sie lacht.*

BERTA *kommt aus dem Schlafzimmer zurück.* Der Herr Graf kamen direkt aus der Matinee und fragten mich, wohin gnädiges Fräulein speisen gegangen wären. Ich wußte es natürlich nicht.

RITA *lacht leicht und geht an Berta vorbei ins Schlafzimmer.* Fragte er – sonst nach was?

BERTA. Nein. Der Graf besahen die Photographien.

RITA *in der Tür.* So. Und wollt er heute noch wiederkommen?

BERTA. Jawohl, um vier Uhr.

RITA *sieht nach der Uhr.* Ach, ist das langweilig. Jetzt ist es nun schon wieder halb Vier. Man kann nicht mal in Ruhe seinen Kaffee trinken. Also schnell, Berta, machen Sie mir Kaffee! *Sie geht nach links ins Schlafzimmer ab.*

BERTA *geht mit den Garderobestücken auf dem Arm durch die Mitte ab. Die Szene bleibt einige Augenblicke leer.*

RITA *singt im Schlafzimmer eine melancholische Melodie.*

FRIEDRICH STIERWALD *ein sehr sorgfältig, schwarz gekleideter Mann von etwa dreißig Jahren, mit einem schwarzen Trauerflor um den Zylinder, tritt, von Berta gefolgt, hinten in das Vorzimmer.*

BERTA. Aber das gnädige Fräulein ist nicht wohl.

FRIEDRICH. Sagen Sie, bitte, dem gnädigen Fräulein, ich sei auf der Durchreise und hätte sie in der allerwichtigsten Angelegenheit zu sprechen, notwendig zu sprechen. Bitte! *Er gibt ihr Geld und seine Karte.*

BERTA *steht vor der Portierentür.* Ja, ich will dem gnädigen Fräulein Ihre Karte bringen, aber ich glaube nicht, daß sie Sie empfangen kann.

FRIEDRICH. Weshalb nicht? O doch! Gehen Sie nur –

BERTA. Das gnädige Fräulein hat heute Vormittag in der Wohltätigkeitsmatinee gesungen und da – –

FRIEDRICH. Ja, ich weiß, ich weiß. Horch! *Ritas Gesang ist lauter geworden.* Hören Sie nicht, wie sie singt? O, so gehen Sie doch!

BERTA *kopfschüttelnd.* Na, also – warten Sie hier einen Augenblick! *Sie geht durchs Zimmer an die halboffene Schlafzimmertür und klopft. Halblaut.* Gnädiges Fräulein!

RITA *von drinnen.* Ja? Was ist denn?

BERTA *in der Tür.* Ach, dieser Herr hier – er will Sie durchaus sprechen. Er sei auf der Durchreise.

RITA *drinnen, lacht.* Herein. Helfen Sie mir mal erst.

6

BERTA *geht ins Schlafzimmer.*

FRIEDRICH *ist bis in die mittlere Tür vorgekommen, in der er stehen bleibt.*

RITA *im Schlafzimmer.* So. – Wer ist es denn eigentlich? – Friedrich ... *Langgedehnt in den höchsten Tönen.* Hmm ... Ich komme gleich.

BERTA *kommt heraus und mustert Friedrich mit großen, erstaunten Blicken.* Das gnädige Fräulein läßt bitten, Sie zu erwarten.

Sie geht durch die Mitte ab, nachdem sie sich noch einmal zu Friedrich umgewandt hat.

FRIEDRICH *tritt langsam, befangen ein und mustert das Zimmer mit scheuen Blicken.*

RITA *kommt in einem geschmackvollen Schlafrock aus dem Schlafzimmer, bleibt aber in der Tür stehen.*

FRIEDRICH *verbeugt sich. Leise.* Guten Tag.

RITA *betrachtet ihn mit mokantem Lächeln und schweigt.*

FRIEDRICH. Nicht wahr ... Sie kennen mich doch noch?

RITA *ruhig.* Merkwürdig. Sie – besuchen mich?! Wo bleibt denn da Ihre gute Erziehung? *Sie lacht auf.* Haben Sie denn alles Schamgefühl verloren?

FRIEDRICH *streckt wie bittend die Hand aus.* O bitte, bitte: nicht diesen Ton! Ich bin ja gekommen, um Ihnen alles zu erklären, alles. Und um womöglich alles wieder gutzumachen.

RITA *noch immer links an der Tür.* Sie – bei mir. *Sie schüttelt den Kopf.* Unglaublich! *Sie geht langsam ins Zimmer. Kühl.* Aber bitte! Da Sie nun mal da sind – setzen Sie sich! Womit – können Sie mir dienen?

FRIEDRICH *ernst.* Fräulein Hattenbach, ich hätte wirklich –

RITA *leichthin.* Pardon, ich heiße Revera ... Rita Revera.

FRIEDRICH. Ich weiß wohl, daß Sie sich jetzt so nennen. Aber Sie werden mir, dem alten Freunde Ihrer Familie, nicht zumuten, mich dieses romantischen Theaternamens zu bedienen, für mich sind Sie nach wie vor die Tochter des angesehenen Hauses Hattenbach, mit dem ich –

RITA *schnell und scharf.* Mit dem Ihr Herr Vater in Geschäftsverbindung steht, ich weiß. –

FRIEDRICH *mit Betonung.* Mit dem ich jetzt selber in ... in Verbindung stehe.

RITA. Ach? Und Ihr Herr Vater?

FRIEDRICH *ernst.* Wenn ich eine Ahnung von Ihrer Adresse gehabt hätte, ja nur von Ihrem jetzigen Namen ... ich würde nicht verfehlt haben, Ihnen den plötzlichen Tod meines Vaters zu melden.

RITA *nach einer Pause, schwer.* Ah ... er ist tot. *Sie fährt sich mit der rechten Hand über die Stirn und sieht auf.* Ich sehe: Sie tragen noch Trauer. Wie lange ist es her?

FRIEDRICH. Ein halbes Jahr. – Seitdem such ich Sie. Und ich hoffe, Sie werden es mir nicht verwehren, wenn ich Sie nach wie vor mit *dem* Namen anrede, der in unserer gemeinschaftlichen Vaterstadt im allgemeinsten Ansehn steht.

RITA *freundlich lächelnd.* Wonnig sind Sie ... in Ihrer Feierlichkeit. Goldig! – So setzen Sie sich doch!

FRIEDRICH *bleibt stehen. Er ist verletzt.* Ich muß gestehen, Fräulein Hattenbach: auf einen solchen Empfang von Ihnen bin ich nicht vorbereitet gewesen. Ich glaubte, erwarten zu dürfen, daß Sie mich nach diesen vier oder fünf Jahren anders aufnehmen würden, als mit dieser ... mit dieser ... wie soll ich sagen?

RITA. Duldsamkeit.

FRIEDRICH. Nein, mit dieser Süffisance!

RITA *mit schnellem, zornigem Blick.* Wie? –

FRIEDRICH *sich beherrschend*. Ich bitte um Verzeihung. Ich bedaure, das gesagt zu haben.

RITA *nach einer Pause, feindselig*. Also – Sie wünschen ernst genommen zu werden? *Sie setzt sich. Mit einer Handbewegung.* Bitte! Was haben Sie mir zu sagen?

FRIEDRICH. Viel. O so viel … *Er setzt sich ebenfalls.* Aber … Sie fühlen sich heute nicht wohl?

RITA. Nicht wohl? Wie kommen Sie darauf?

FRIEDRICH. Ja, das Mädchen sagte es.

RITA. Das Mädchen. Ja, ja, das ist eine brauchbare Person. – Dabei fällt mir übrigens ein: Sie bleiben doch jedenfalls noch ein bißchen hier – wie?

FRIEDRICH. Wenn Sie erlauben. Ich habe so manches auf dem Herzen.

RITA. Das hab ich mir gedacht. *Laut rufend.* Berta! Berta! – Glauben Sie, man kriegte hier eine elektrische Klingel gemacht? Unmöglich.

BERTA *tritt durch die Mitte ein*. Gnädiges Fräulein?

RITA. Berta, wenn der Graf kommt – ich bin jetzt ernsthaft krank.

BERTA *nickt*. Schön. – *Sie geht ab.*

RITA *ruft ihr nach*. Und wo bleibt der Kaffee? Ich verdurste.

BERTA *draußen*. Sofort, gnädiges Fräulein.

FRIEDRICH. Der … der Graf … sagten Sie?

RITA. Ja. Ganz netter Mensch sonst, aber – würde jetzt nicht passen. Was ich sagen wollte: ich liebe nämlich die elektrischen Klingeln abgöttisch. Wissen Sie, das hat für mich so einen fabelhaften Reiz, man braucht sie nur so leise, ganz leise, so … kaum mit dem kleinen Finger zu berühren – und kann doch einen höllischen Radau damit vollführen. Nett – wie? Es reimt sich. Sie wollten wohl von sogenannten ernsten Dingen reden. Es ist mir so.

9

FRIEDRICH *treuherzig.* Ja! Und ich bitte Sie, Fräulein Erna –

RITA. Erna?

FRIEDRICH. Erna!

RITA. Ach so.

FRIEDRICH *fortfahrend.* Ich bitte Sie: sein Sie nun auch wirklich und wahrhaftig ernst – ja? Hören Sie auf das, was ich Ihnen zu sagen habe. Sein Sie überzeugt, es kommt aus einem ehrlichen, warmen Herzen. Ich bin in den Jahren, die wir uns nicht gesehen haben, ein ernster Mann geworden – vielleicht zu ernst für meine Jahre ... aber mein Empfinden für Sie ist jung, ganz jung geblieben. – Hören Sie mich, Erna?

RITA *im Schaukelstuhl zurückgelehnt. Mit einem Seufzer.* Ich höre.

FRIEDRICH. – – Und Sie wissen, Erna, wie ich Sie seit meiner frühesten Jugendzeit, ja eher noch, als ich es selber wohl wußte – liebgehabt habe. Das wissen Sie ja?

RITA *schweigt und sieht ihn nicht an.*

FRIEDRICH. Wie ich schon als törichter Schulknabe Sie meine Braut genannt habe und wie ich es mir gar nicht anders habe denken können, als daß Sie einmal meine liebe Frau werden müßten. Das wissen Sie doch – wie?

RITA *verschlossen.* Ja. Ich weiß es.

FRIEDRICH. Nun denn, dann müssen Sie sich auch vorstellen ^190 können, wie entsetzlich, wie furchtbar es mich betraf, als ich da plötzlich unter dem Hindämmern dieses Frühlings – weit eher, o weit eher noch, als Sie und alle Welt die – Neigung meines – Vaters für Sie entdeckte. Das war – – nein, Sie können es sich nicht vorstellen.

RITA *sieht ihn forschend an.* Eher als ich und alle Welt?

FRIEDRICH. O viel früher ... das war es ja ... Damit brach für mich eine Zeit der härtesten inneren Kämpfe an. Was sollte ich nun tun?! *Er seufzt tief auf.* Ach, Fräulein Erna, wir Menschen sind doch –

RITA. Ja, ja ...

FRIEDRICH. Wir sind unendlich beschränkt. – Wie selten ist es einem von uns gestattet, zu leben, wie er möchte. Müssen wir nicht immer und ewig Rücksicht auf andere – Rücksicht auf unsere Umgebung nehmen?

RITA. Müssen?

FRIEDRICH. Nun ja, man *tut* es doch. – Und wenn es nun gar der eigene Vater ist! Denn sehen Sie, Erna: das hätte ich nun und nimmer fertig gebracht, mich gegen meinen Vater aufzulehnen! Ich war *gewohnt,* Sie wissen es ja, von Kindheit an zu meinem Vater mit dem allertiefsten Respekt aufzusehen. Er war zwar streng, mein Vater, stolz und unzugänglich, aber – das darf ich wohl sagen! – er war ein hervorragender Mensch.

RITA. So.

FRIEDRICH *eifrig.* Ja, gewiß! Sie müssen bedenken, daß *er,* er ganz allein durch seine Riesenenergie und durch seinen unermüdlichen Fleiß unser Haus gegründet hat. Erst jetzt, wo ich selber die Leitung der Geschäfte übernommen habe, bin ich imstande, zu übersehen, welch ungeheure Arbeit er geleistet hat.

RITA *einfach.* Ja, er war ein tüchtiger Geschäftsmann.

FRIEDRICH. In jeder Beziehung! Die Tüchtigkeit selber. Und nun war er 52 Jahre alt geworden und doch immer noch, immer noch ... wie soll ich sagen?

RITA. Immer noch tüchtig.

FRIEDRICH. Nun ja, ich meine: ein lebenskräftiger Mann in den besten Jahren. Fünfzehn Jahre lang war er Witwer gewesen, er hatte gearbeitet, rastlos gearbeitet. Und nun – das Haus stand groß da – er konnte daran denken, ein Teil der Arbeit auf jüngere Schultern zu legen; er konnte daran denken, nun auch noch einmal etwas zu genießen vom Leben.

RITA *leise.* Nämlich –

FRIEDRICH *fortfahrend.* Und da glaubte er, in *Ihnen* die gefunden zu haben, die ihm Jugend und Lebensfreude zurückbringen könnte.

RITA *auffahrend.* Ja, aber da hätten Sie … *Bricht ab.* Ach, es ist ja nicht der Mühe wert.

FRIEDRICH. Wie? Da hätte ich aufstehen sollen, mich dazwischenstellen sollen und sagen: nein, das verbiete ich dir, das ist eine Alterstorheit; ich, dein Sohn, verbiete es dir; ich selber erhebe Anspruch, für mich ist dieses junge Glück da – nicht für dich!? – – Nein, Erna, das konnte ich nicht. – Das konnte ich nicht.

RITA. – Nein.

FRIEDRICH. Ich, der ich ihm alles verdankte, der junge, verdienstlose Kommis; ich hatte damals noch nicht mal Prokura.

RITA. Nicht.

FRIEDRICH. Nach allem, was mich bisher geleitet hatte, mußte ich es für meine *Pflicht* halten, unter diesen Umständen einfach zurückzutreten; meine Neigung, so gut es ging, zu ersticken. Ich tat es. – Wie gesagt, noch bevor irgendein Mensch außer mir eine Ahnung hatte von den Absichten meines Vaters – zog ich mich unmerklich von Ihnen zurück.

RITA. Unmerklich. – Ah, ich glaube mich zu entsinnen. Du nanntest mich auf einmal wieder Sie. In der Tat – sehr fein.

FRIEDRICH. Ich dachte …

BERTA *kommt mit dem Kaffee und serviert ihn.*

RITA. Trinken Sie eine Tasse mit?

192

FRIEDRICH *gedankenlos.* Ich dachte … *Sich verbessernd.* Pardon! Ich danke!

RITA. Aber es stört Sie doch nicht, wenn ich meinen Kaffee trinke, während Sie weitererzählen?

FRIEDRICH. Bitte sehr.

RITA. Denn Sie müssen wissen, ich bin das so *gewohnt*, ihn um diese Zeit zu trinken. Und ich halte es für meine *Pflicht*, meinem Körper gegenüber, von dieser Gewohnheit nicht abzuweichen.

BERTA *geht ab.*

FRIEDRICH *verlegen.* Ja, sehen Sie, ich dachte damals, es wäre das Richtigste, wenn ich durch mein frostiges Benehmen … eine etwa bei Ihnen bereits vorhandene Neigung –

RITA. Etwa bei mir bereits vorhandene Neigung? Pfui! Aber jetzt fängst du an zu lügen! *Sie springt auf und geht erregt durchs Zimmer.* Als ob du das nicht ganz genau gewußt hättest! *Vor ihn hintretend.* Oder? Wofür hast du mich gehalten, wenn ich dich küßte?

FRIEDRICH *sehr erschrocken, erhebt sich ebenfalls.* O Erna, ich hab dich … ich habe Sie stets …

RITA *lacht laut auf.* Wonnig bist du! Wonnig! Noch ganz der schüchterne Junge … der sich nicht traut. *Sie lacht und setzt sich wieder.* Wonnig!

FRIEDRICH *nach einigem Schweigen, unsicher.* Also gestatten Sie … gestattest du, daß ich dich wieder duze … wie früher.

RITA. Wie früher. *Sie seufzt, dann heiter.* Wenn du magst?

FRIEDRICH *erfreut.* Ja? Darf ich?

RITA *herzlich.* Ach ja, Fritz. Nicht wahr, es macht sich besser, es klingt natürlicher. Wie?

FRIEDRICH *drückt ihr die Hand, aufseufzend.* Ja, wirklich. Du nimmst damit eine schwere Last von mir. Grade was ich dir heute alles sagen will, läßt sich so sehr viel leichter in der Du-Form anbringen.

193 RITA. Ach! Hast du mir denn immer noch so viel zu sagen?

FRIEDRICH. Oh – – Aber nun sag du mir erst: wie war es möglich, wie konntest du damals einen solchen Schritt tun! Was brachte dich auf diesen unheilvollen Gedanken, bei Nacht und Nebel auf und davon zu gehen! Erna, Erna, wie konntest du das tun! –

RITA *stolz*. Wie ich das konnte? Danach fragst du mich? Weißt du das wirklich nicht?

FRIEDRICH *leise*. O doch: ich weiß es ja. Aber – es gehört doch so entsetzlich viel zu einem solchen Entschluß.

RITA. Nicht mehr, als vorhanden war.

FRIEDRICH. Eins muß ich dir gestehen – obgleich es eigentlich schlecht von mir war. Aber ich konnte mir nicht helfen: ich empfand eine Art von Befreiung – als du damals fort warst.

RITA. Nun also. Das war *dein* Heroismus.

FRIEDRICH. Versteh mich nicht falsch! Ich wußte ja, daß mein Vater um dich angehalten hatte.

RITA. Ja, ja. – Aber rede doch nicht mehr davon!

FRIEDRICH. Du hast recht. Es war knabenhaft von mir. Es dauerte auch nicht lange, da trauerte ich um dich – nicht weniger als deine Eltern. – Ach, Erna! Wenn du jetzt deine Eltern wiedersähest. Sie sind um zehn Jahre früher gealtert. Dein Vater hat seinen Humor fast ganz verloren und hat sich von Jahr zu Jahr mehr – leider muß ich dir auch das sagen – einer Neigung zum … also zum Rotwein hingegeben. – Deine Mutter ist kränklich, verläßt kaum noch das Zimmer – und beide – wenn sie auch nie ein Wort darüber fallen lassen – können in ihrem Innern nicht fertig werden mit dem Gedanken an ihr einziges Kind, das sie so schnöde verlassen hat.

RITA *fährt nach einer Pause aus ihrem Sinnen auf. Rauh.* Kommst du etwa im Auftrage meines Vaters?

FRIEDRICH. Nein. – Weshalb?

RITA. Weil ich dir sonst die Tür weisen würde. –

FRIEDRICH. Erna!

RITA. Ein Mensch, der den Versuch gemacht hat, mit mir seine Schulden zu bezahlen …

FRIEDRICH. Wieso? Wie meinst du das?

RITA. Äh – lassen wir das! Es waren schlechte Zeiten. – Aber heute erfreut sich das Haus Hattenbach seines alten guten Namens, wie du sagst, es hat die Krisis überstanden. Dein Vater hat also wohl ein Einsehen gehabt – auch ohne mich. Nun also. – Und Rudolstadt steht noch – am alten Flecke. Das ist die Hauptsache. Aber nun reden wir von was anderem! Ich bitte darum.

FRIEDRICH. Nein, nein, Erna: Was du mir da andeutest, das … Glaubst du wirklich, mein Vater hätte …

RITA *fällt ihm hart ins Wort.* Dein Vater hatte sich daran gewöhnt, alles im Leben mit Geld und durch das Geld zu erreichen. Weshalb nicht auch mich? Und er hatte ja auch bereits das Jawort – nicht meins, aber das meines Vaters. – – Ich aber bin frei! Auf und davon bin ich gelaufen, bin mein eigener Herr! – *Mit Übermut.* Ein alleinstehendes junges Mädchen! Nieder mit der Bande!

FRIEDRICH *schweigt und stützt den Kopf in die Hand.*

RITA *tritt zu ihm und berührt freundlich seine Schulter.* Sei nicht traurig! Dein Vater war damals der Stärkere, und – das Leben ist nichts anders. Man gilt nur selber.

FRIEDRICH. Aber er hat dich um dein Glück gebracht –

RITA *fidel.* Wer weiß! – Es ist so auch ganz nett.

FRIEDRICH *überrascht.* So? Nennst du das ein Glück – dieses Alleinstehen?

RITA. Ja. Das ist *mein* Glück. Meine Freiheit! Und die liebe ich mit Eifersucht, denn ich habe sie mir selber erkämpft.

FRIEDRICH *bitter.* Ein schönes Glück außerhalb der Familie – außerhalb jeder anständigen Gesellschaft!

RITA *lacht hell, aber ohne Bitterkeit.* Anständige Gesellschaft! Ja:
der bin ich entflohn – Gott sei Dank. *Plötzlich schroff.* Aber
wenn du nicht im Auftrage meines Vaters kommst – was willst
du denn hier? Weshalb kommst du dann? Zu welchem Zwecke?
Was willst du von mir?

FRIEDRICH. Erna! Du fragst das in einem Tone –

RITA. Nun ja. Ich habe den Verdacht, daß du – ja, was eigentlich? – daß du mir meine Freiheit nicht *gönnst.* – Wie hast du
mich überhaupt aufgestöbert?

FRIEDRICH. Ja, das war schwer genug.

RITA. Rita Revera ist nicht so unbekannt.

FRIEDRICH. Rita Revera! O nein. – Wie oft hab ich in den
letzten Jahren den Namen gelesen – in den Zeitungen – in
Berlin an allen Säulen – in ellenhohen Buchstaben. Aber wie
hätt ich auf den Gedanken kommen können, daß du das wärst.

RITA *lacht.* Wenn du in Berlin warst – weshalb bist du nicht in
den Wintergarten gegangen?

FRIEDRICH. Ich gehe nicht in solche Lokale.

RITA. Pardon! – Ach, ich vergesse ja immer die guten Sitten.

FRIEDRICH. O bitte, bitte, liebe Erna: nicht diesen Ton!

RITA. Welchen Ton?

FRIEDRICH. Erna! Mach es mir doch nicht so schwer! – – Sieh,
als ich es dann schließlich nach langem Suchen – durch ein
Bureau in Berlin herausgebracht hatte, daß du diese berühmte
Revera seist – da war ich zunächst furchtbar erschrocken,
furchtbar traurig, und dachte sogar vorübergehend daran, nun
alle weiteren Schritte aufzugeben. Meine schlimmste Befürch-
tung war ja nun gehoben. Ich hatte ja nun die Gewißheit, daß
du in guten – wie es mir jetzt scheint, sogar in glänzenden
Verhältnissen lebst. Und andererseits mußte ich darauf gefaßt
sein, daß du nun vielleicht der Welt, in der ich lebe, ganz
entfremdet warst – daß wir uns kaum noch verstehen konnten.

RITA. Hm. Soll ich dir sagen, was dein Ideal gewesen wäre ... wie du mich am liebsten »wiedergefunden« hättest? – Als eine arme Näherin, in einer Dachstube, die sich während der vier Jahre in Hunger und Not – aber anständig, das ist die Hauptsache! – durchgeschlagen hätte, dann hättest du deine gütigen Retterarme ausgestreckt und das arme blasse Täubchen wäre dir dankbar an die Brust gesunken. Willst du leugnen, daß du es dir so gedacht hast, so gewünscht hast in deiner Phantasie?

FRIEDRICH *sieht sie ruhig an.* Nein. – Ist dabei etwas Schlimmes? –

RITA. Aber wie kam es nun, daß du trotzdem, trotz dieser – Enttäuschung es noch nicht aufgabst, mir nachzufragen?

FRIEDRICH. Da fiel mir, Gott sei Dank, zur rechten Zeit dein schönes, helles, klares Kinderlachen wieder ein ... mitten hinein in meine kleinmütigen Bedenken glaubt ich es klingen zu hören ... es war wie damals, wenn du mich necktest ... wegen meiner Bedächtigkeit ... Weißt du die Zeit noch, Erna?

RITA *sieht zu Boden und schweigt.*

BERTA *kommt durch die Mitte mit einem riesigen Bukett dunkelroter Rosen.* Gnädiges Fräulein – vom Herrn Grafen.

RITA *springt auf; nervös exaltiert.* Rosen! Meine dunklen Rosen! Geben Sie her! *Sie nimmt ihr das Bukett aus der Hand und riecht daran.* Ah! – *Sie hält es Friedrich hin und fragt über ihn weg.* Hat er was gesagt?

BERTA. Nein, gesagt nichts, aber –

FRIEDRICH *schiebt das Bukett, das sie ihm dicht vors Gesicht hält, fort.* Ich danke dir.

RITA *ohne ihn zu beachten, zu Berta.* Nun?

BERTA *auf das Bukett weisend.* Herr Graf haben etwas auf eine Karte geschrieben.

RITA. Seine Karte? Wo? *Sie sucht in dem Bukett.* Ach hier! *Sie liest. Dann ruhig zu Berta.* Es ist gut.

BERTA *geht ab.*

RITA *liest noch einmal.* Pour prendre congé. *Mit einem leichten Seufzer.* Ja, ja.

FRIEDRICH. Was ist?

RITA. Schade! Seine Erziehung war noch nicht zur Hälfte vollendet und schon verläßt er mich.

FRIEDRICH. Was heißt das? Ich verstehe dich gar nicht.

RITA *mit sich beschäftigt.* Schade, wirklich schade um ihn. Jetzt wird er ganz stumpfsinnig werden.

FRIEDRICH *erhebt sich, gewichtig.* Erna, antworte mir: In was für einer Beziehung standest du zu diesem Grafen?

RITA *lachend.* Was geht dich das an?

FRIEDRICH *feierlich.* Erna! Wie dem auch sei – das geht nicht so weiter.

RITA *lustig.* Nein, nein, du siehst ja, es ist schon zu Ende.

FRIEDRICH. Nein, Erna, das muß überhaupt ein Ende haben. Du mußt dich aus all dem herausreißen – ganz – und für immer.

RITA *sieht ihn erstaunt und fragend an.* Hm? – Merkwürdiger Mensch.

FRIEDRICH *wird eifriger und geht im Zimmer hin und her.* Ein solches Leben ist unsittlich. Das mußt du einsehen. Direkt unsittlich! Ja! Und ich verbiete dir, in dieser Weise weiterzuleben. Ich darf von dir verlangen, von dir fordern –

RITA *unterbricht ihn. Scharf.* Fordern? Du von mir etwas fordern?

FRIEDRICH. Jawohl! Fordern! Nicht für mich – nein – im Namen der Sittlichkeit. Das, was ich damit von dir verlange, das ist überhaupt, ganz allgemein eine sittliche Forderung, verstehst du? Die sittliche Forderung, die schlechthin an jedes Weib gestellt werden *muß.*

RITA. »Muß!« – Und weshalb?

FRIEDRICH. Weil … weil … weil … nun, du lieber Gott, weil … Sonst hört eben alles auf! –

RITA. Was hört auf? Das Leben?

FRIEDRICH. Nein, aber die Sittlichkeit!

RITA. Ah! Ich danke dir. Jetzt versteh ich dich. Man muß sittlich sein, weil – sonst die Sittlichkeit aufhört.

FRIEDRICH. Nun ja: das ist doch sehr einfach.

RITA. Ja. – – Also bitte: was müßte ich nun tun, um deine – Forderung zu erfüllen? Ich bin jetzt neugierig wie ein Kind und werde dir ganz artig zuhören. *Sie setzt sich wieder.*

FRIEDRICH *setzt sich ebenfalls und faßt ihre Hand. Warm.* Also sieh, meine liebe Erna: es läßt sich ja alles noch gut und ungeschehen machen. In Rudolstadt glauben sie alle, du wärst bei Verwandten in England. Wenn du auch da niemals warst –

RITA. Oft genug. Meine besten Engagements.

FRIEDRICH. Um so besser. Du sprichst also wohl ein wenig Englisch –

RITA. Unbesorgt.

FRIEDRICH. Und weißt mit den dortigen Zuständen Bescheid. Das ist ausgezeichnet. – Ach Erna, dein Vater wird sich ja so freuen, er hat es mir selber mal gestanden in einer weinseligen Laune. Du kennst ihn ja: er ist dann so sentimental.

RITA *für sich.* Das sind sie alle.

FRIEDRICH. Wie?

RITA. O nichts. Bitte, fahr fort! Also – ich könnte zurückkehren?

FRIEDRICH. Gewiß! Glücklicherweise hat dich auch in den letzten Jahren, seit du so berühmt bist –

RITA. Ich bin erst seit einem Jahre so berüchtigt.

FRIEDRICH. So. Nun jedenfalls hat dich noch kein Rudolstädter auf den Brettern gesehen. Also mit einem Wort: Du *mußt* – zurückkommen.

RITA. Aus England.

FRIEDRICH. Ja! Nichts liegt im Wege, gar nichts. Ach, gar deine Mutter ist ja überglücklich –

RITA. Na, na!

FRIEDRICH. Daß du dir wenigstens einen fremden Namen beigelegt hast.

RITA. Ach so. Ja, *das* glaub ich. Also sie wissen jetzt, daß ich die Rita Revera bin?

FRIEDRICH. Ich hab es ihnen geschrieben. Sie werden dich mit offenen Armen aufnehmen. Erna! Ich bitte dich! Ich flehe dich an: komm mit mir! – Noch ist es Zeit. Heute noch. Aber du kannst nicht wissen, ob nicht vielleicht schon morgen irgendein Rudolstädter, der dich von früher kennt, ins Theater kommt und …

RITA *entschieden.* Nein. Das tut kein Rudolstädter. Dazu sind sie zu gut erzogen. Du siehst es an dir. – Aber weiter! Wenn ich nun wollte, wenn ich nun wirklich zurückginge … was dann?

FRIEDRICH. Dann? – Ja, nun, dann würdest du eben wieder in Familie und Gesellschaft drin stehen … und dann …

RITA. Und dann?

FRIEDRICH. Wenn dann einige Zeit verstrichen ist und du dich wieder heimisch fühlst … und wenn dann alles hinter uns liegt, als ob nichts geschehen wäre …

RITA. Es ist aber sehr viel geschehen.

FRIEDRICH. Ach Erna, du mußt mich nicht für einen solchen Philister halten, daß ich mich darüber nicht hinwegsetzen könnte. Ich bin im Grunde meiner Seele ganz vorurteilslos. *Auf einen Blick Ritas.* Nein wirklich. Ich kenne – *leise* – meine eigene Verschuldung, und ich kenne das Leben. Ich weiß sehr wohl, ich kann es von dir einfach nicht verlangen, daß du dich

in einer Karriere, wie du sie hinter dir hast, so ganz … so ganz
…

RITA. Hm?

FRIEDRICH. Nun … so ganz *tadellos* gehalten hast. Und ich verlange es auch gar nicht.

RITA. Daran tust du wohl.

FRIEDRICH. Ich meine: was in diesen vier Jahren geschehen ist – das liegt hinter uns – geht mich nichts an, aber soll auch dich nichts mehr angehen. Rita Revera ist verschollen – Erna Hattenbach kehrt in das Haus ihrer Familie zurück.

RITA. Hm. Schön, sehr schön. – Nun aber, was denn dann? Soll ich eine Kochschule gründen?

FRIEDRICH *mit sanftem Vorwurf.* Aber Erna! Verstehst du mich denn nicht? Kannst du dir denn etwas anderes denken, als … Ich werde dich doch dann natürlich heiraten.

RITA *sieht ihn verdutzt an und schweigt.*

FRIEDRICH. Aber das ist doch selbstverständlich. Wozu hätt ich dich denn sonst aufgesucht? Wozu wär ich denn sonst hier? – – Aber, liebe Erna, mach doch nicht so 'n dummes Gesicht!

RITA *sieht ihn noch immer starr an.* »Einfach – heiraten«. – Merkwürdig. *Sie dreht sich zu dem offenen Flügel herum. Spielt und singt leise.* Farilon, farila, farilette …

FRIEDRICH *ist aufgestanden.* Erna! Quäl mich doch nicht so!

RITA. Quälen? Nein. Das wäre unrecht. – Du bist ein guter Mensch. Gib mir einen Kuß. *Sie steht auf.*

FRIEDRICH *umarmt und küßt sie.* Meine Erna! – O, du bist noch so viel schöner geworden! So viel schöner …

RITA *lehnt mit dem Kopf an seiner Brust.*

FRIEDRICH. Aber nun komm! Laß uns keinen Augenblick verlieren …

RITA *rührt sich nicht.*

FRIEDRICH. Laß womöglich alles stehn und liegen … Komm! *Er drängt sie mit sanfter Gewalt von sich.* – Du weinst?

RITA *wischt sich hastig die Tränen aus den Augen. Sich beherrschend.* Ach Unsinn! Rita Revera weint nicht – sie lacht! *Lacht gezwungen auf.*

FRIEDRICH. Erna, laß diesen Namen aus dem Spiel! Ich will ihn nicht mehr hören!

RITA. Ei, sieh da! – Du *willst* ihn nicht mehr hören! *Trotzig.* Möchtest mir wohl befehlen? O du kleiner Schäker! Kommst hierher und glaubst, was das Leben und die harten Jahre aus mir gemacht haben, mit der Fülle des Gemütes in einer halben Stunde verwischen zu können! – Nein! Du kennst das Leben nicht und du weißt nichts von mir. *Hart.* Ich heiße Revera und heirate keinen Kaufmann aus Rudolstadt.

FRIEDRICH. Wie? Du schwankst noch?

RITA. Seh ich aus, als ob ich schwanke?! *Sie tritt ihm näher.* Weißt du, Fritz, daß ich in den Jahren seit meiner Flucht häufig genug gehungert habe, ganz brutal gehungert? Weißt du, daß ich in den greulichsten Spelunken mit den klappernden Tellern herumgelaufen bin und Groschen und Gemeinheiten gesammelt habe? Weißt du, was es heißt, sich mit Leib und Seele demütigen um trockenes Brot? – Siehst du: das ist meine Schule gewesen. Verstehst du nun, daß ich da – entweder zugrunde gehen – oder eine andere, von Kern aus eine andere werden mußte? Ein Mensch, der alles nur sich selbst verdankt, der stolz ist auf sich selber, der nun aber auch nichts mehr respektiert, vor allem keine fremden Maße und Gewichte! Und verstehst du nun, mein lieber Fritz, daß es von mir jetzt eine lächerliche Gemeinheit wäre, an deiner Hand in den Philisterpferch zurückzukriechen?

FRIEDRICH *nach einigem Schweigen, traurig.* Nein – das verstehe ich nicht.

RITA *wieder froh und munter.* Das dacht ich mir. – Soll wohl dort vor jedem Zufall und vor jedem Dummkopf zittern, wo ich hier doch freie Luft und Sonne und das allerbeste Gewissen habe?! O nein. Du kennst doch die schöne Stelle aus der »Walküre«? *Sie singt.*

>»Grüße mir Rudolstadt.
>Grüße mir Vater und Mutter
>Und all die Helden …
>Zu ihnen folg ich dir nicht!«

Nun weißt du Bescheid. – *Sie setzt sich wieder ans Klavier.*

FRIEDRICH *nach einigem Schweigen.* Wenn du auch Vieles und Schweres durchgemacht hast – das gibt dir noch immer nicht das Recht, die Pflichten der Moral und der Sitte zu mißachten!

RITA *spielt und singt.* Farilon, farila, farilette …

FRIEDRICH. Es ist mir ganz unfaßlich, wie du meine Hand zurückstoßen kannst, wo ich dir die Gelegenheit biete, ohne weiteres in geordnete Verhältnisse zurückzukehren.

RITA. Ich liebe die »geordneten« Verhältnisse nicht. Im Gegenteil. Ich muß was zum dressieren haben.

FRIEDRICH. Und ich? Ich soll dir nie mehr etwas sein? Auch mich stößt du in deinem Trotz für immer von dir?

RITA. Aber gar nicht! Wieso denn?

FRIEDRICH. »Wieso«? Hast du nicht eben erst gesagt, du heiratest keinen Kaufmann aus Rudolstadt?

RITA. Das schon …

FRIEDRICH. Siehst du! Ach, Erna! Du kannst nicht so kalt, so herzlos fremd gegen mich sein! *Schmeichelnd.* Warum hattest du mich eben so geküßt? O, ich weiß, auch du sehnst dich im tiefsten Herzen zurück nach jener Zeit, wo wir uns heimlich suchten und heimlich fanden, auch du. Und wenn du es auch leugnest, ich hab es wohl gefühlt, vorhin, als dir die Tränen kamen. – *Leise.* Erna! Komm mit, komm mit mir! Komm! Werde meine liebe Frau! –

RITA *sieht ihn ruhig an.* Nein, das werde ich nicht tun.

FRIEDRICH *tritt in heftiger Aufregung zurück. – Nach einer Pause.* Erna! Ist das dein letztes Wort?

RITA. Ja.

FRIEDRICH. Überlege dir, was du sagst!

RITA. Ich weiß, was ich tue.

FRIEDRICH. Erna! Du willst – bleiben, was du bist?

RITA. Ja. Gerade das will ich.

FRIEDRICH *steht noch einen Augenblick im heftigen Kampf mit sich. Dann greift er nach seinem Zylinder. Dann* – leb wohl! *Er eilt nach links in das Schlafzimmer ab.*

RITA *ruft ihm lächelnd nach.* Halt! Da nicht.

FRIEDRICH *kommt sehr verwirrt zurück.* Verzeihung, ich – 203

RITA. Armer Fritz! Hattest du dich in mein Schlafzimmer verlaufen? – Dort geht's hinaus.

Große Pause mit stummem Spiel. Er setzt mehrmals zum Sprechen an. Sie lacht – da geht er verletzt nach hinten ab, kommt aber, sobald sie zu spielen angefangen hat, langsam zurück. Sie singt und spielt das Lied aus »Mamselle Nitouche«.

A minuit, après la fête,
Rev'naient Babet et Cadet;
Cristi! la nuit est complète,
Faut nous dépêcher, Babet.
Tâch d'en profiter gross bête!
 Farilon, farila, farilette.
J'ai trop peur, disait Cadet –

J'ai pas peur, disait Babet –
Larirette, lariré,
Larirette lariré –

FRIEDRICH *hat anfänglich widerwillig zugehört, sogar einen Schritt zur Tür zurück gemacht. Nach und nach wird er jedoch gefesselt schließlich ist er entzückt. Als sie endet, stellt er den Zylinder auf den Tisch und geht mit seligem Lächeln auf sie zu.*

RITA. Nun? Du lächelst ja? Hab ich dir gefallen?

FRIEDRICH *wirft sich vor ihr auf die Knie.* O Erna, du bist das entzückendste Weib auf der Welt. *Er küßt wütend ihre Hände.*

RITA *beugt sich zu ihm herab, leise, lustig.* Weshalb also davon-laufen? Wie? – Wenn du mich noch lieb hast – wie kannst du da gleich so fortstürzen, du Esel?

FRIEDRICH. O, ich bleibe … ich bleibe bei dir.

RITA. Es war nur gut, daß du dich so – verliefst.

FRIEDRICH. Ach Erna …

RITA. Nun nennst du mich aber Rita … verstanden? – Nun? Wird's bald? Wirst du gleich artig sein?

FRIEDRICH. Rita! Rita! – Alles, was du willst!

RITA. Alles, was ich will. *Sie küßt ihn.* – Und nun erzähl mir noch von deiner sittlichen Forderung. Ja? Du bist so wonnig, wenn du davon redest. So wonnig …

Ende.

Biographie

1864 3. *Juni:* Otto Erich Hartleben wird als erstes Kind des Ehepaares Herrmann und Elwine Hartleben in Clausthal im Harz geboren. Otto Erich kommt schon sehr früh der Lyrik nahe. Tiefen Eindruck hinterlässt bei ihm das Werk August von Platens, das prägend für seine Zukunft als Schriftsteller wird. Mit zehn Jahren schreibt er sein erstes Drama, »Die spartanische Revolution«, das er seinem Großvater widmet.

1876 Tod der Mutter. Drei Jahre später verstirbt auch der Vater. Hartleben und seine Geschwister werden von ihrem Großvater mütterlicherseits aufgenommen.

1881 Wegen seines aufsässigen Verhaltens muss Hartleben sowohl seine Schule als auch seinen Wohnort wechseln. Er kommt an das »Königliche Gymnasium zu Celle«, wo er sich mit Heinrich und Julius Hart sowie Arno Holz anfreundet. Sie verfassen zusammen ein Buch mit den von ihnen geschriebenen Gedichten und Texten, welches später unter dem Titel »Moderne Dichter-Charaktere« aufgelegt wird.

Außerdem gründet Hartleben mit seinen Freunden eine »Bier-Vetternwirtschaft« mit dem Zweck, literarische Diskussionen mit fröhlicher Zecherei zu verbinden. Er bekommt den Decknamen »Leopoldine Mufti«.

1885 Hartleben besteht nicht ohne Schwierigkeiten sein Abitur. Obwohl er sich für ein Philosophiestudium entscheidet wird er von seinem Großvater gezwungen, Jura zu studieren. So schreibt Hartleben sich für das Sommersemester an der Universität in Berlin ein.

1886 Aufgrund seines leichtsinnigen Lebenswandels und

wegen den Kontakten, die er pflegt, muss Hartleben das Studium in Berlin abbrechen. Er kann jedoch in Tübingen weiterstudieren.

Der Gedichtband »Quartett«, zusammengestellt von Hartleben und seinen Freunden aus Hannover (Alfred Hugenberg, Karl Henckel, Arthur Gutheil), erscheint.

1886/87 Die Attraktivität der Stadt Tübingen lässt für Otto zu wünschen übrig, deshalb wechselt er zum Wintersemester nach Leipzig. Er lernt seine später Frau, Selma Hesse, kennen.

1889 Umzug nach Berlin, wo er sein Examen am Kammergericht besteht. Hartleben trifft hier viele seiner früheren Dichterfreunde und beteiligt sich an mehreren literarischen Zeitungen: »Berliner Monatshefte für Literatur, Kritik und Theater«, »Die Gesellschaft«, die »Freie Bühne«, »Pan«, »Die Jugend« und das »Berliner Tageblatt«. Er arbeitet außerdem als Dramaturg für das Lessingtheater.

1890 *30. November:* »Angele. Eine Comödie« wird in der von Otto Brahm geleiteten »Freien Bühne« aufgeführt.

1891 Hartleben reist zum ersten Mal nach Italien, was bis zu seinem Lebensende seine zweite Heimat wird. Er wird Schriftführer der »Freien Volksbühne« und versucht sich als sozialistischer Schriftsteller. Zeitweilig unterrichtet er in Arbeiterbildungsstätten Deutsch, »um die Sprache des Volkes zu lernen«.

1893 Sein Großvater stirbt und Hartleben heiratet Selma Hesse. Die zweimonatige Hochzeitsreise führt nach Tunis, wo das Ehepaar überfallen und gefangen genommen wird.

Die Sammlung »Die Geschichte vom abgerissenen Knopfe« wird ein großer Erfolg, ohne jedoch den großen Durchbruch zu erreichen.

1894 Er gewöhnt sich einen »Reisezyklus« an, bei dem er meist im Frühling nach München aufbricht und von dort bis nach Italien weiterreist. Meist kehrt er dann im Herbst oder Winter zur Ehefrau zurück.

1895 Hartleben erfindet den »Serenissimus« und es erscheint eine Lyrikgesamtausgabe mit dem Titel »Meine Verse«.

1896 Der »Verbrecherstammtisch« wird gegründet. Hartleben schreibt den Erzählungsband »Der gastfreie Pastor«.

1897 Hartleben gibt zwei neue Theaterstücke, »Die sittliche Forderung« und »Abschied vom Regiment«, heraus. Eine Münchener Liebschaft bleibt nicht ohne Folgen: er wird Vater eines unehelichen Mädchens, Ilse.

1898 Es entsteht der »Römische Maler«.

1899 Hartleben unternimmt eine Reise nach St. Andreasberg im Harz und trifft seinen Bruder, welcher ihm den Stoff für ein Drama über das Militär liefert. Ein Jahr darauf wird »Rosenmontag. Eine Offizierstragödie« mit überaus großem Erfolg aufgeführt.

1900 Der lang ersehnte Durchbruch ist erreicht, doch in dieser Zeit wird Hartleben öfter als je zuvor von Depressionen geplagt. Sein gesundheitlicher Zustand verschlechtert sich.

1903 Er wird kurzweilig wieder von neuer Euphorie erfüllt und überarbeitet seine Brieferzählung »Liebe kleine Mama«. Anschließend vollendet er noch das Büchlein »Der Halkyonier«.

1904 Mit neuen Kräften schreibt er das Stück »Im grünen Baum zur Nachtigall«, welches vom Publikum als ein Desaster bezeichnet wird.

1905 *11. Februar:* Otto Erich Hartleben verstirbt in München.